RAPPORT

PRESCRIT PAR

S. Ex. Monsieur le Ministre de l'Instruction publique

BORDEAUX

IMPRIMERIE DE VEUVE J. PECHADE, RUE DU PARLEMENT-St-PIERRE, 12

1878

NOS DERNIERS OUVRAGES

A L'EXPOSITION UNIVERSELLE DE 1878

N.-B. — *Par lettre du 20 Juillet 1878, M. le Ministre nous fit savoir qu'ils y avaient été classés* dans son Exposition particulière , **Bibliothèque du corps enseignant,** *comme suit :*

Étude sur l'Enseignement primaire professionnel : autographie de quelques pages, (n° 5930).

Coup d'œil général sur l'Univers, la Civilisation et ses Progrès, brochure imprimée, 200 pages, (n° 5931).

Trait d'union entre l'Asile et l'École, typographie de quelques pages, (n° 5932).

Omnibus des petites économies (n° 5933).

Trait d'union entre l'École, les Champs et l'Atelier, à l'usage des campagnes, inédit (manuscrit de près de 500 pages), (n° 5934).

L'École et l'Industrie primaires en France, admis mais non catalogué, parce qu'il ne pût y arriver qu'après l'impression du catalogue officiel.

RAPPORT

D'UN INSTITUTEUR DE BORDEAUX,

DÉLÉGUÉ DE L'ÉTAT

A L'EXPOSITION UNIVERSELLE DE PARIS (1878)

(Octobre)

—⁓⌐—(♂✳♀)—¬⌐⁓—

BORDEAUX

IMPRIMERIE DE VEUVE J. PECHADE, RUE DU PARLEMENT-Sᵗ-PIERRE, 12

1878

A NOS ÉLECTEURS

AUX AUTORITES ADMINISTRATIVES

A Monsieur le Ministre de l'Instruction publique,

A MONSIEUR LE PRÉFET DE LA GIRONDE,

A Monsieur le MAIRE

ET A MESSIEURS LES INSPECTEURS EN RÉSIDENCE A BORDEAUX

N.-B. — Nous croyons devoir compte aussi de notre mission à MM. les Membres du Conseil municipal, qui nous ont voté un complément d'indemnité de 40 fr. pour notre voyage, et c'est là l'unique raison qui nous a porté à faire imprimer notre Rapport, pensant que le meilleur moyen de les remercier serait de le leur communiquer; toutefois nous attendrons, non-seulement qu'il soit jugé, mais, en outre, l'agrément de qui de droit, pour le faire circuler, et; en attendant, un seul exemplaire, celui que nous demandent nos chefs, verra le jour.

MESSIEURS,

Désigné par vous pour le voyage d'études à l'Exposition universelle de 1878, nous considérons comme un devoir de répondre aux prescriptions, à ce sujet, de la circulaire ministérielle du 3 août dernier portant :

« **Vous aurez à demander aux instituteurs**
» **désignés l'engagement moral de rédiger,**
» **à leur retour, un rapport sommaire, sur**
» **les principales particularités de leurs visi-**
» **tes, au point de vue pédagogique et sur les**
» **conférences auxquelles ils auront assisté.** »

COUP D'ŒIL GÉNÉRAL

Nous avons, pendant quinze jours (du 24 août au 8 septembre), examiné attentivement Paris et sa magnifique exposition, qui nous a paru très-supérieure à celle de 1867, laquelle cependant, surpassant de beaucoup ses devancières, avait paru le nec plus ultra du genre.

Que de souvenirs nous a rappelés, de prime abord, cette vaste plaine, dont l'histoire remonte aux invasions des Normands (9ᵉ siècle) et qui fut nommée successivement champ de la Victoire, champ de Mai, champ [de Mars ; qui a été le théâtre de tant de fastes militaires et de manifestations politiques : les fêtes de la fédération, celles de l'Être suprême, le cataclysme si émouvant de 1789 !... Ce pont d'Iéna, dont le nom rappelle une de nos gloires, et qui commença par être un pont de bateaux (13 juillet, 1790) !... Ce Trocadéro qui, en 1823, n'était encore qu'une butte servant de parade militaire au duc d'Angoulême !..

C'est assurément une grande idée que celle de transformer périodiquement ce champ de guerre en champ d'industrie, d'arts et de sciences ; de changer ainsi cette arène des armes en arène de progrès, qui en sont l'antithèse, et pour lesquels toutes les nations viennent lutter pacifiquement, en prenant la France pour juge ; idée noble que notre République a réalisée avec autant de bonheur que de génie ; symbole de paix et de prospérité qui, pendant six longs mois, vient d'attirer une procession incessamment renouvelée d'étrangers et de têtes couronnées, qui ont pu juger de notre force et de notre grandeur nationales, au lendemain du plus grand des désastres !...

Qu'on nous pardonne cette petite digression, suite de l'impression du premier moment.

Nos premiers regards se sont portés sur les deux immenses rectangles coupés par la Seine, le Champ de Mars sur la rive gauche, le Trocadéro sur la droite, auxquels se joignaient, comme appendices, l'exposition agricole le long du quai, à l'opposé, l'exposition anthropologique, et les animaux vivants sur l'esplanade des Invalides.

Nous ne voulons certes pas décrire en détail ce vaste ensemble, dont nous n'avons pu que parcourir les grandes lignes, et dont l'imposant spectacle nous a surtout frappé, lorsque, du haut du Trocadéro, notre vue a plané sur ce champ de 75 hectares, couvert par les spécimens d'hommes et de choses du monde entier.

Comment, de ce point de vue si splendide, ne pas admirer cette animation de tous les peuples, cet élan universel de prodigieuse activité !... Ce palais de 41 hectares, construit en fer et en verre, environné de jardins, au centre duquel on arrivait, par 27 portes, dans un superbe vestibule, d'où, autour de soi, son enceinte présentait des galeries, à perte de vue, se coupant à angles droits ; laquelle enceinte partagée, dans son ensemble, en deux grandes sections, la section française et la section étrangère, séparées par la *Rue des Nations*, qui, au nombre de 24, présentaient leurs façades caractéristiques, de l'effet le plus pittoresque !

On sait que la section française de nos produits nationaux comprenait l'exposition du Ministre de l'Instruction publique, qui devait attirer particulièrement l'attention des instituteurs.

Avant de nous y arrêter, nous avions essayé de jeter ainsi, un peu partout, un regard curieux, et tout nous avait paru à sa place ; partout c'était un titanesque brillant d'élégance et un décorum du meilleur goût... —

Dans les annexes du périmètre extérieur, une originalité, une petite merveille, fort utile, nous avait un instant arrêté, l'école modèle de M. Ferrand, dont nous dirons un mot plus loin. —

Au centre du palais, le pavillon de la ville de Paris avait aussi attiré notre attention : nous y avions surtout remar-

qué et voulu feuilleter un grand ouvrage, où M. Gréard de
l'Institut, directeur général de l'instruction primaire du département de la Seine, indique savamment les progrès accomplis, depuis dix ans, dans sa circonscription ; ce qui
nous rappela une idée que nous avons émise ailleurs (1) :
pourquoi les instituteurs, à qui l'on peut désormais demander tous les progrès, ne feraient-ils pas la monographie de
leurs communes, en vue d'un travail départemental analo-
gue, dont l'utilité ne saurait être contestée ?...

« Les expositions universelles, dit l'habile directeur, sont
» pour chaque peuple une occasion de se rendre compte,
» par un retour sur soi-même, des progrès qu'il a accom-
» plis et de ceux qui lui restent à poursuivre. »

A Paris, comme partout ailleurs en France, les évène-
ments de 1870 avaient suspendu, sans l'arrêter, la marche
des améliorations commencées.

M. Gréard, s'appuyant sur les statistiques et la marche
progressive de ses établissements scolaires, a mis en lumière, dans son ouvrage, l'ensemble des efforts accomplis,
leur direction, leur suite, leurs effets, pendant ces dix ans.

Ces éléments bien établis concourent évidemment, comme
il le dit, à éclairer la situation présente et, en fournissant
des matériaux précieux pour les enquêtes futures, établis-
sent ce qui manquait, même à Paris, ce qui manque encore
peut-être partout ailleurs, un point de départ solide et
précis.

A un autre point de vue, un tel tableau décennal serait
d'autant plus digne d'intérêt que, on peut le remarquer, l'intervalle de nos deux dernières expositions universelles est
précisément la première période sérieuse de l'organisation
pédagogique qui, heureusement, a commencé, à peu près
partout, de régir les écoles primaires, et dont les principes
ne peuvent manquer de servir de base aux améliorations de
l'avenir.

L'exposition du Ministre de l'Instruction publique, partie

(1) Trait d'union entre l'école, les champs et l'atelier, manuscrit catalogué à
l'exposition sous le n° 5934, pages

incontestablement la plus considérable de l'enseignement français, que nous avions visitée ensuite, nous parut comme un spécimen synthétique de la science et de la didactique, touchant à toutes les branches des connaissances humaines.

Certainement, sous des dehors un peu arides peut-être rappelant l'école, elle renfermait des enseignements éminemment utiles; mais, au milieu de cette riche profusion de méthodes, de travaux d'élèves, de 6940 ouvrages, où l'enseignement s'élève de l'A, B, C, jusqu'au sommet de l'abstraction, et d'autres objets scolaires de toutes sortes, comment, dans cette exhibition de tant de systèmes voilés, là comme dans ce remarquable pavillon de Paris, comment et dans quelle mesure, nous simple instituteur, pouvions-nous démêler une solution comme nous voulions la produire : visible, tangible, appréciable?... Le Ministre lui-même n'avait-il pas écrit :

« Par leur nature même, les ouvrages de l'esprit, qui » sont tout à la fois l'honneur d'une nation et la source su- » périeure des découvertes pratiques, **échappent à l'appréciation des yeux.** » (*Circulaire du 3 Septembre 1877*).

Aussi, n'avions-nous pu ou su y découvrir que quelques indices, fort précieux il est vrai, et, qu'on nous le pardonne, à l'exemple du psychologue qui a longtemps étudié les facultés naissantes et du philanthrope qui cherche à en tirer le meilleur parti, pour les besoins de son temps et de son pays, nous avons essayé de compléter ailleurs, sur des faits vivants, notre pédagogie concernant l'éducation spéciale qui nous occupe depuis longtemps.

II.

HISTOIRE DU TRAVAIL INDUSTRIEL

En glissant presque sans y toucher, non-seulement sur l'exposition industrielle, héroïne de la solennité, mais aussi sur l'exposition scientifique de notre ministre, qu'on ne pouvait pourtant trop admirer, car elle indiquait le rôle considérable du corps enseignant dans le mouvement intellectuel, nous étions dominé par une pensée complexe et par la solution d'un grand problème, auquel nous venons de faire allusion : le germe de la grandeur et de la prospérité de la France est tout entier dans le travail intelligent, c'est-à-dire éclairé par la science, tel est ce problème, et nous pensions qu'assez de nos confrères donneraient tous les détails utiles sur les poduits visibles et tangibles de l'exposition, mais que pas un, peut-être, ne s'occuperait du perfectionnement graduel de ces produits, comportant l'histoire du travail, ni des nécessités de l'apprentissage, qui en sont la conséquence.

Par ces considérations, le programme de ce petit rapport s'est trouvé tout tracé pour nous ; c'est :

1o Le coup d'œil rapide que nous venons d'essayer ;

2o L'histoire du travail qui nous occupe ici ;

3o L'apprentissage éclairé par l'école ;

4o L'enseignement des conférences faites aux instituteurs;

5o Notre pédagogie tirée de ces faits.

Nous avions, il y a 5 ans, préparé une esquisse de l'histoire du travail, que nous voulions, mais que nous ne pûmes, à cause de sa longueur, faire entrer dans notre « coup d'œil général sur l'univers, la civilisation et ses progrès. »

Voici cette esquisse qui, considérablement réduite et restreinte à notre pays, traverse les étapes suivantes, à vol d'oiseau, en enjambant les siècles, jusqu'au 18me, où commencent les expositions qui, depuis, résument périodiquement les progrès du travail industriel, bien mieux que ne saurait le faire la plume, même la plus éloquente.

Les Gaulois. — Comme dans présque toutes les contrées, on a trouvé, dans le pays de nos premiers ancêtres, des fossiles et des débris de l'industrie primitive, mais ces vestiges utiles pour reconstituer la civilisation des premiers hommes, ne sauraient, on le comprend, trouver place ici, où il ne peut être question d'archéologie préhistorique : montrer en aussi peu de mots que possible et suivant la simple histoire élémentaire, la marche et le développement d... ...ôtre industrie, à travers les siècles qui nous précèdent, tel est notre but.

Lors de la conquête de César, les Gaulois avaient une industrie ; ils savaient extraire et travailler quelques métaux, dont ils fabriquaient des colliers et des chaînes ; ils faisaient de la bière, filaient et tissaient la laine et le lin, étamaient le cuivre. Quelques villes, notamment Marseille, faisaient un commerce relativement considérable.

Les Romains donnèrent à cette industrie une grande impulsion, par leurs municipes et leurs corporations, dont la grandeur, qui s'éleva avec la puissance impériale, devait sombrer avec elle.

Au Ier siècle, Strasbourg fabriquait des flèches, Soissons des boucliers et des cuirasses, Lyon frappait de la monnaie. Cependant les procédés des ouvriers gallo-romains étaient bien primitifs ; ainsi le métier n'ayant pas encore, chez eux, remplacé l'outil, le fil continuait de se filer au fuseau et le cardage de se faire à la main. Mais si la simple industrie, d'une utilité immédiate pour les pauvres, y fit peu de progrès, il n'en fut pas de même du luxe des riches, dont les artistes, orfèvres, bijoutiers, ébénistes, etc., ne pouvaient satisfaire la vanité.

Les premiers rois. — La domination des Francs ramena la barbarie et, des institutions romaines concernant l'industrie, rien ne resta debout.

Les ouvriers se divisèrent, se dispersèrent, les uns s'attachant aux vainqueurs, les autres, en plus grand nombre, se groupant dans ou autour des monastères, sous la protection du clergé, la seule alors efficace.

Dès le VIe siècle, on put apercevoir le germe des maîtrises du XIIIe, comme celui des communes du XIe.

Ce fut seulement dans les monastères, où les religieux travaillaient et attiraient des travailleurs laïques, que se conservèrent plus ou moins, *sans progrès*, dans la première partie du moyen-âge, quelques procédés industriels de l'époque précédente ; mais, comme nous venons de le dire, les rares monuments de ce triste temps des Mérovingiens, où, au VIIIe siècle, l'état social n'était que du servage, témoignent d'une incroyable barbarie, sous laquelle tout progrès industriel était impossible.

Charlemagne. — Le siècle suivant, apogée de la domination germanique, voit naître l'influence des hommes de métier. Cependant le servage continue, mais les travailleurs sont moins opprimés. Les femmes filent, tissent, confectionnent le linge ; les hommes sont cultivateurs, armuriers, forgerons, maçons, menuisiers, charpentiers, mais *sans qu'aucun perfectionnement industriel se manifeste* : les monastères continueront, deux siècles encore, à être des ateliers et des pépinières d'artisans, se bornant à maintenir, *sans l'élever*, le niveau de l'industrie. La consommation locale absorbe la production manuelle ; le commerce est entre les mains des juifs et s'exerce surtout dans les foires, dont les deux plus célèbres se tiennent à Aix-la-Chapelle et dans la plaine de Saint-Denis.

Les Croisades. — Commencées à la fin du XIe siècle, elles exercèrent sur l'industrie française, une influence considérable, due au séjour des croisés dans les villes riches, et industrieuses de l'Orient, et cette influence eut d'immenses conséquences, en attirant chez nous le commerce et les industriels étrangers.

Grâce à ce grand événement, au XIIe siècle, épanouissement des communes, notre industrie commence à se développer. Les riches produits tirés de l'étranger commencent à se fabriquer dans nos grandes villes, à Paris, à Poitiers, à Montpellier. La fabrication du papier de chiffons, les moulins à vent, les tapisseries, etc.. s'introduisent en France avec le retour des croisés.

Le XIIIe siècle fut, par suite, l'époque des plus grands progrès en France, durant cet âge, duquel (1258) date, pour Paris, l'organisation connue sous le nom général de *corporations.*

Mais dans ces temps obscurs du moyen-âge, par progrès, il faut entendre ici que les règnes de Philippe-Auguste, de Saint-Louis et de Philippe-le-Bel, où l'on vendait les maîtrises comme une marchandise, ne furent une époque de prospérité et de sécurité industrielles, que relativement aux malheureux temps antérieurs.

Le siècle suivant, tourmenté par la guerre de cent ans, fut au contraire une période de décadence industrielle, et pendant près de 150 ans, les troubles politiques paralysèrent tout progrès.

Le XV⁰ siècle. — Le compagnonnage et les compagnies religieuses de métiers furent organisées, et ces associations constituèrent, pour les ouvriers, une force opposée à l'action jusqu'alors prépondérante des maîtrises quasi féodales ; mais les statuts de ces compagnies, enlaçant l'industrie entière, devinrent une source de compétitions et de querelles.

Louis XI, comprenant l'importance de donner l'unité à l'industrie de son pays, y attira de nombreux et habiles ouvriers étrangers, qui y firent fleurir la métallurgie, la filature, le tissage de la soie. L'adoption des armes à feu y détermina un nouveau progrès.

La boussole fut inventée. Dieppe envoya ses marins dans toutes les parties du monde. L'invention de l'imprimerie surtout, en vulgarisant l'instruction, ouvrit une ère nouvelle et féconde.

La Renaissance. — C'est une lumière nouvelle, où reparaissent, au XVIᵉ siècle, les traditions gréco-romaines, obscurcies pendant la longue nuit du moyen-âge.

Dès le règne de Louis XII, un notable progrès se manifeste et la prospérité de l'industrie est attestée par les écrivains du temps, dont l'un, Claude Seyssel, écrit ; « on ne faict guières maison sur rüe qui n'ait boutique pour marchandise ou pour art mécanique. »

Néanmoins et malgré les efforts de François 1ᵉʳ, ce ne fut en réalité que du règne de Henri III que data l'établissement, dans les grandes villes, de manufactures dignes de ce nom.

Le luxe excessif de cette époque qui, parti de la cour, envahit toutes les classes, donna lieu à plusieurs ordonnances somptuaires curieuses, caractérisant ce temps; ainsi en 1563, une défendait de faire payer plus *de trois livres*

la façon d'un habit et de porter des boutons comme orne-
ment ; une autre, en 1567, prescrivait de n'employer dans
la confection ni velours, ni chenille ; en 1577, défense de
dorer ni d'argenter autre chose que la tranche des livres
d'église....

Bientôt, à côté du malaise résultant des luttes politiques,
se plaça l'affaiblissement intérieur, conséquence des désor-
dres des métiers.

Arriva la découverte de l'Amérique, qui devait produire
une révolution dans le salaire, par l'abondance des métaux
précieux venus d'outre-mer ; ainsi un maçon qui, en 1500,
ne gagnait que trois sous par jour, gagnait cinq sous
en 1550 et, en 1572, douze sous. Le prix de la mouture du
blé qui, de 1200 à 1440, n'avait varié que de douze à seize
deniers le boisseau, était, en 1574, de sept sous et six
deniers, presque six fois plus élevé.

Ces détails, curieux à plus d'un titre, sont un autre signe
de ce temps et donnent la mesure de la dépréciation de ces
métaux.

Colbert. — Au commencement du XVIIe siècle, Henri
IV, malgré la résistance de Sully, fit beaucoup pour l'industrie, en établissant des magnaneries, protégeant la fabrication du verre, et celle des glaces à Paris, celle des toiles de
Hollande à Rouen, en fondant la manufacture des Gobelins
et celle de la savonnerie. L'apprêt des tissus, la cémenta-
tion du fer, la fabrication du blanc de plomb, les métiers à
bas, etc., datent de son époque.

Dans la suite, la question qui nous occupe, délaissée par
Richelieu et Mazarin et contrariée par les guerres de reli-
gion et de la Fronde, fut vigoureusement reprise par Colbert, dont le noble désir était de voir la France se suffire :
trouver sur son territoire les matières premières et former
des ouvriers capables de les transformer de manière à se
passer des étrangers, telles furent sa louable ambition et ses
actives tendances. Malheureusement, il dépassa le but, en
créant de nombreux privilèges pour conserver des mono-
poles établis et qu'il aurait dû détruire, ce qui, au siècle

suivant, devait amener la décadence de l'industrie naissante, qu'il laissa florissante.

Sous son ministère, en effet, s'établirent à Clermont des fabriques de tricot, à Amiens et à Beauvais, des fabriques de draps fins, de nombreuses et importantes forges et fonderies en divers lieux. Angoulême eut 60 moulins à papier, la Provence, 55 papeteries, Cambrai fabriqua des toils, Nevers des faïences, Sédan des draps et des dentelles renommées. Sous sa vigoureuse initiative, le commerce maritime se releva, Marseille et Dunkerque furent déclarés ports francs. Rouen atteignit le maximum de son importance commerciale. Lyon où, après Paris, l'industrie était et est toujours la plus développée, employa, dans ses fabriques, plus de trois mille balles de soie par an, et le travail seul de l'or filé y donna de l'ouvrage à plus de trois mille personnes. Tours, presque aussi florissante, mit en œuvre annuellement 2,400 balles de soie, etc.

Le XVIIIme siècle. — L'activité industrielle, dont nous venons de donner une idée, va s'évanouir, par le motif que nous venons de signaler et surtout par les suites de la fatale révocation de l'édit de Nantes qui, en 1685, enleva presque tout ce qui se trouvait en France d'ouvriers habiles, lesquels portèrent leurs talents à l'étranger : Saint-Etienne en perdit 16,000, Lyon 20,000, Laval 14,000, la Normandie 184,000. Tours et Alençon furent complétement ruinés.

L'Angleterre recueillit surtout les fabricants de papiers, qui fondèrent à Londres le quartier Spitalfield, et bientôt cette puissance, déjà maîtresse des mers, allait recueillir aux Indes le pouvoir et les richesses industrielles, que la rivalité de Dupleix et de Labourdonnaye devait nous y faire perdre.

La première moitié de ce grand siècle étant une époque de transition, c'est dans la seconde moitié que se produisent les grands événements.

On y voit d'abord la puissante initiative de Diderot fixant en quelque sorte, dans la grande encyclopédie, la science industrielle d'alors, et donnant aux idées naissantes une forme nouvelle.

C'est sous leur influence que les réclamations des états de 1614, augmentées de tout ce qui depuis s'était accumulé d'entraves et de vexations, se firent entendre de nouveau et déterminérent Turgot à supprimer maîtrises, jurantes corvées, corporations, tout ce vieil attirail du moyen-âge, resté debout, malgré les luttes et les froissements des intérêts généraux et industriels.

» Nous devons protection, dit son remarquable préambule » de l'édit de 1776, à cette classe d'hommes qui, n'ayant de » propriété que leur travail et leur industrie, ont d'autant » plus le besoin et le droit d'employer, dans toute son éten- » tue, la seule ressource qu'ils aient pour subsister. »

Malheureusement la chute de ce ministre ramena une organisation à peine moins oppressive, mais c'était là un compromis insuffisant entre les tendances du présent et les souvenirs du passé, qui devait tomber dans le grand et prochain cataclysme.

Ici, dans la deuxième moitié de ce siècle, se produisent l'invention de la machine Arkwright qui, jointe à la Mull-Jenny de Crompton, complète la fabrication du coton, celles de la lampe d'Argant, du métier de Vaucanson, de la fabrication de la soude et surtout de la machine à vapeur qui, sous le génie de Watt, est devenue, depuis la boussole et l'imprimerie, une des plus grandes innovations et l'un des leviers les plus puissants de la civilisation.

Nous voici à la grande époque de 1789, qui ouvre une ère nouvelle de brillants progrès.

Comme nous venons de le faire remarquer, l'encyclopédie résume l'histoire industrielle de ce temps ; on y voit ses procédés primitifs, ses métiers, lourds, grossiers, lents à se mouvoir, exigeant, pour la mise en œuvre, beaucoup de travail, relativement à leur puissance de production, travail où le moteur était généralement l'homme, l'animal, la roue du tourneur, le manége mal fait, le vent, la chute d'eau peu ou mal utilisée.

Si l'on jette un regard en arrière, on peut remarquer, par cette notice, toute bréve qu'elle est, les entraves des temps,

la lenteur des progrès, les difficultés qu'ont dû éprouver, pour se produire, des inventions qui, aujourd'hui, nous semblent si simples. Une autre grande vérité qui s'en dégage, c'est le besoin de paix et de sécurité, pour les progrès de toute espèce.

Nous nous arrêtons au terme indiqué, notre première exposition nationale qui, on le sait, eut lieu en 1798.

Quelle différence en 80 ans, entre l'état industriel d'alors et celui d'aujourd'hui, entre cette première exposition de 23 mètres, avec 110 exposants, qui dura trois jours, et celle de 1878, de 750,000 mètres avec plus 50,000 exposants, qui dure depuis six mois !

REMARQUE. — Donner ainsi sommairement un aperçu historique de l'état social et industriel de nos pères, c'est faire, en quelque sorte, l'histoire de l'instruction publique chez eux. L'école, en effet, qui devrait toujours être le principe, n'a été, dans les siècles précédents, que la conséquence de leur civilisation; ainsi, on le sait, au moyen-âge, on en était venu à se faire une gloire de ne savoir ni lire ni écrire, témoin ce personnage qui, pour signer, plongeait ses cinq doigts dans l'encre et les appliquait sur le papier.

Le règne de Louis XIV ne fit la lumière que pour les classes dirigeantes, car alors, et depuis malgré les efforts des grands vulgarisateurs, Rousseau, Voltaire, Diderot, etc., c'est la sacristie seule qui, jusqu'à la loi Guizot, a fait l'école, et quelle école que celle de sacristains, de chantres, de sonneurs, de bedeaux !... (!)

Quoiqu'il en soit, en examinant l'enseignement comparativement d'étape en étape, nous pouvons répéter ici ce qu'on a dit, il y a dix ans :

« C'est une étude des plus intéressantes et des plus pro-
» pres à faire réfléchir que de suivre, à travers ces siècles,
» l'histoire du développement de nos institutions scolaires.
» On apprécie mieux ainsi les progrès réalisés, les conquêtes
» faites dans ce domaine; on mesure mieux le chemin par-

(1) Qu'on ne se méprenne pas sur nos sentiments : nous respecterons toujours le dogme; nous ne faisons la guerre qu'à l'ignorance.

» couru et, en même temps, on se rend mieux compte de
» ce qui reste à faire et des lacunes à combler. »

III.

L'APPRENTISSAGE A L'ÉCOLE PRIMAIRE

« Le travail est la grande loi qui régit le monde. »

Nous marchons dans cette voie et, aujourd'hui, étant donné le suffrage universel qui nous régit, le travail éclairé par la science est, nous le répétons, le germe le plus fécond de force, de grandeur et de prospérité nationales . notre grandiose exposition, glorification de ce travail, n'est-elle pas, comme ses sœurs, la preuve la plus évidente en même temps que la plus péremptoire et la plus éclatante de cette grande vérité?

Or, que fait notre enseignement scientifique officiel pour éclairer le travail ?... Le collège secondaire et les grandes écoles professionnelles de l'État sont pour les professions libérales, qui ne travaillent pas la matière; le collège spécial et les écoles d'arts-et-métiers sont pour les classes moyennes, qui ne la travaillent pas davantage. Ces deux classes, formant l'état-major de la nation, sont à peine comme 1 à 100, peut-être, de la population.

Et le reste, les 4 à 5 millions d'enfants des écoles, futurs travailleurs de cette matière?... Aujourd'hui comme il y a cent ans, ils restent fatalement condamnés à l'apprentissage routinier, empirique, abrutissant ; c'est un fait...

Or, il y a là, évidemment, répétons-le, un immense besoin populaire à satisfaire : un député l'a démontré tout récemment dans un projet de loi, proposé au corps législatif, nous l'avons démontré ailleurs (1) et, s'il ne nous est pas permis d'y revenir dans ce rapport, nous pensons du moins être parfaitement dans notre rôle en rapportant ce qu'on fait à

(1) Dans l'École et l'Industrie primaires en France.

ce sujet, à Paris, où l'on nous a fait l'honneur de nous envoyer pour le voir et le rapporter.

Ecoles primaires professionnelles d'apprentissage. — Tandis qu'en proclamant universellement la nécessité de diffusion de la lumière, on laisse ainsi chez nous les masses scolaires dans l'ignorance de ce qui les intéresse le plus, des hommes et des femmes d'initiative montrent pratiquement, dans notre capitale, ce qu'on peut et ce qu'on devrait faire à ce sujet. Que nos lecteurs, pour s'en convaincre, veuillent bien nous suivre dans leurs établissements.

1° GARÇONS

École du boulevard de la Villette, n° 60. — Conduit par le directeur des ateliers, nous y voyons, en les parcourant, les objets suivants, qu'il nous montre et nous explique; d'abord le bureau de dessin, puis le magasin des outils et ensuite :

1° Un atelier pour le travail du fer, mu par la vapeur, dont la machine est dirigée par les élèves, et qui comprend quatre foyers de forges, douze tours, quatre-vingt-dix étaux, cinq machines à percer, une à raboter, un étau limeur, une scie à rubans, une tresseuse universelle et une machine à faire les fraises des femmes ; le tout manipulé par les élèves ;

2° Un atelier pour le travail du bois, comprenant quarante huit établis, dont 32 faits par les élèves, cinq tours à bois, dont deux faits par les élèves, et un magasin pour le bois, le tout également manipulé par les élèves.

A notre question, **quels métiers bien caractérisés sortaient de là,** le Directeur répond que ces deux ateliers forment six métiers distincts, qui sont : le *forgeron,* le *tourneur-mécanicien,* l'*ajusteur-mécanicien,* le *menuisier,* le *modeleur-mécanicien* et le *tourneur sur bois.*

École de la rue Tournefort, n° 33. — L'ayant déjà proposée pour modèle (1), nous n'ajouterons ici que deux réflexions : la première c'est que, conçue dans des proportions plus modestes que la précédente, elle peut, non-seulement convenir aux villes de 2me, 3me, 4me ordre, mais s'adjoindre à toutes les écoles primaires, moyennant quelques modifications et à peu de frais ; nous croyons l'avoir suffisamment démontré dans notre **« Trait d'union entre l'école, les champs et l'atelier. »** La seconde réflexion c'est que, par des mesures expliquées plus loin, les apprentis manient alternativement et avec une égale dextérité, le marteau, la lime, la scie, la varlope, le compas, le pinceau, la plume ; ce qui, plus tard, pourra devenir pour eux une précieuse ressource, comme on l'explique également plus loin.

Ces deux écoles primaires professionnelles d'apprentis, dont la création est due principalement à l'intelligente initiative de M. Gréard, sont municipales. Ecoutons l'éminent directeur, qui en explique les raisons, les principes, le mécanisme et le but.

École de la Villette. — « L'enseignement des apprentis, dit-il, se rattache, par le degré d'intruction, comme par le caractère des maîtres qui la donnent, à l'enseignement primaire élémentaire.

» Deux essais différents mais concourant au même but, ont été tentés pour l'éducation spéciale des apprentis.

» On s'est demandé si, en prolongeant, pour ainsi dire, dans l'atelier l'éducation de l'école et en soumettant l'éducation de l'atelier à une discipline d'exercices raisonnés, il n'était pas possible de préparer l'apprentissage dans de meilleures conditions d'hygiène physique, intellectuelle et morale. On s'est demandé, d'un autre côté, s'il n'y aurait pas avantage à mettre l'enfant en mesure, dès l'école, de reconnaître lui-même ses aptitudes professionnelles, par la pratique des travaux élémentaires de l'atelier, et si, quelle que fût la vocation de l'élève, il n'y avait pas lieu, en cherchant,

---

(1) Dans l'École et l'Industrie primaires.

dans l'alternance sagement ménagée du travail manuel avec l'étude des moyens, d'assurer le développement bien équilibré de toutes ses facultés.

» L'école dans l'atelier et l'atelier dans l'école, telle est, en quelque sorte, la double formule de l'expérience qui a été activement poursuivie, d'une part, dans l'école annexée aux ateliers d'apprentissage du boulevard de la Villette, d'autre part, dans l'atelier annexé à l'école de la rue Tournefort.

» C'est au sortir de l'école primaire que celle de la Villette reçoit les enfants. Ils n'y sont admis qu'avec le certificat d'études ou après un examen équivalent. L'enseignement comprend l'instruction technique et l'instruction générale.

» L'enseignement général embrasse, outre les matières obligatoires de l'instruction primaire, quelques-unes des matières facultatives, tels que les éléments de la physique, de la mécanique et de la chimie, dans leurs rapports avec l'industrie. A cet enseignement général se joint un enseignement technologique, comprenant l'étude des outils, des matières premières, des produits, des procédés, en un mot de tout ce qui est matérialisé dans la pratique des ateliers. Des visites dans les établissements industriels, pendant l'été, visites dont les élèves rendent compte par écrit, complètent cette partie du programme.

» Il a paru qu'en complétant ainsi l'éducation primaire de l'apprenti, par un ensemble de connaissances en rapport avec le métier qu'il est appelé à exercer, on lui donnait le moyen de raisonner ce métier, de le dominer et par là même de s'y attacher.

» Enseignement technique. — Les travaux se partagent en travaux d'instruction préparatoire et en travaux d'instruction réelle. Tous les élèves passent successivement, pendant la première année, dans les deux ateliers du fer et du bois, et une feuille d'attachement constate la série des exercices élémentaires auxquels chacun d'eux doit d'abord être appliqué. C'est ce qui s'appelle d'un mot, à l'école, *la rotation*. Cette sorte de gymnastique générale donne à la main de la souplesse et de la sûreté. On veut d'ailleurs qu'en cas de chômage dans la profession qu'il aura embrassée, l'apprenti puisse, temporairement du moins, prendre un autre travail. Le choix de la spécialité n'a lieu qu'à l'entrée de la deuxième année. C'est là que commence proprement dit le travail d'exécution. Aucune pièce, aucune machine, aucun organe de machine n'est exécuté qu'après avoir été préalablement l'objet d'un croquis coté ou d'une épure, de façon que l'élève se rende toujours un compte exact des proportions et des assemblages et qu'il ait la pleine intelligence de tout ce qu'il fait. »

» Cette école qui, vers son origine, au 6 janvier 1873, n'avait que 17 élèves, en compte maintenant (1er mai 1878) 165.

» Elle a fourni trois promotions : la première de 21 élèves, en 1875 ; la deuxième de 25, en 1876 ; la troisième de 28, en 1877 ; savoir, 42 ajusteurs, 14 forgerons, 6 tourneurs sur métaux, 4 menuisiers, 7 modeleurs et 1 tourneur sur bois.

» Leur salaire aujourd'hui varie de 3 fr. à 5 fr. 50 par jour.

» Leur facilité de se placer dans les ateliers du chemin de fer et le salaire élevé qu'ils y trouvent explique le nombre dominant des ajusteurs. »

» REMARQUE. — Outre les travaux de grosse mécanique pratiqués jusqu'à présent, une section pour la petite, dite de précision, est en projet, ainsi qu'un laboratoire de physique et de chimie.

» **École de la rue Tournefort**. — L'atelier qui y est annexé a été fondé pour les élèves, en 1873. Ceux qui en suivent les travaux forment une classe distincte, où l'instruction générale est continuée concurremment avec l'instruction professionnelle.

» Le cours normal est de trois ans. Les apprentis de première et de deuxième année, suivant les mêmes principes que ceux de la Villette, participent tous, à tour de rôle, à tous les exercices. La troisième année, on s'adonne spécialement, soit au modelage et à la sculpture, soit à la menuiserie et à l'ébénisterie, soit à la forge et à la mécanique. Chaque semaine toutefois, et pendant une journée, les apprentis du modelage reviennent à la menuiserie et à la forge, les menuisiers et les tourneurs à la forge et au modelage, les forgerons au modelage et à la menuiserie. »

» Les ateliers sont ouverts le matin de 9 heures 1/2 à 11 heures, le soir de 1 heure 1/2 à 3 heures. Chaque élève a son livret de travail, tenu par un moniteur, vérifié et annoté par le professeur. De 1 heure à 1 heure 1/2 a lieu une leçon technique sur les matières premières, les outils, les assemblages, les éléments de la géométrie appliquée. Tous les élèves font le croquis à main levée avec cote, les figures et les constructions. Le jeudi matin, ils sont exercés au dessin d'art ; l'après midi, pendant la belle saison, on les mène visiter les usines et les ateliers des maisons industrielles. »

« Les programmes de l'instruction générale sont les mêmes que ceux du cours supérieur de toutes les écoles, avec addition des sciences physiques, chimiques et naturelles, et de l'histoire de l'industrie. La classe d'apprentis prend part, chaque année, aux examens du certificat d'études primaires, et le nombre d'élèves admis n'est pas inférieur à celui des autres écoles.

» L'atelier de cette école, commencé avec 13 élèves, en compte maintenant (1878) 45.

» En général, les apprentis sortants commencent à recevoir une gratification, d'abord hebdomadaire, et puis mensuelle, et il est bien établi aujourd'hui que la durée de l'apprentissage ordinaire est généralement beaucoup diminuée, pour quelques-uns de la moitié. »

« Nos apprentis, dit le directeur, M. Laubier, étant tout
» de suite utilisables à l'atelier, sont moins employés à faire
» des courses, mieux traités, plus stables. Je pourrais en
» citer de l'âge de 15 ans qui gagnent actuellement 2 fr. 75
» par jour, et qui n'ont plus que 6 mois à faire pour être
» payés comme ouvriers. »

N.-B. — Il existe à Paris, pour ces deux établissements comme pour toutes les autres écoles publiques, un moyen considérable de perfectionnement, que l'enseignement privé n'y possède pas, c'est le magasin central d'outillage scolaire, qui n'existe encore, que nous sachions, dans aucune autre localité, mais que les grandes villes pourraient et devraient, croyons-nous, établir partout, le matériel jouant un grand rôle dans la pédagogie scolaire. —

Nous arrivons a l'initiative privée qu'on trouve, sinon toujours du moins très-souvent, à l'origine des grandes choses, et à laquelle sont dûs ici les quatre établissements suivants.

École Saint-Nicolas, rue de Vaugirard, 92.

— C'est un grand établissement · primaire professionnel d'apprentissage qui, aujourd'hui, a 970 élèves, dont 220 répartis dans 15 ateliers de métiers bien caractérisés et enseignés par des patrons laïques expérimentés : ce sont les métiers de marbriers, relieurs, tourneurs en optique, compositeurs typographes, horlogers-mécaniciens, monteurs en bronze, ciseleurs sur métaux, facteurs d'instruments de musique en cuivre, doreurs sur bois, menuisiers, selliers-malletiers, sculpteurs sur bois, graveurs sur bois, facteurs d'instruments de précision et graveurs-géographes.

A ces métiers se joignent la lithographie, la topographie, la musique, le dessin et le commerce, qui, pour plusieurs, deviennent des professions lucratives ; ce qui porterait le nombre à vingt.

C'est probablement le plus ancien établissement de ce genre à Paris et en France. Fondé en 1827, par l'archevêque de cette ville, il appartient à un conseil d'administration, présidé par ce haut dignitaire de l'église, et est dirigé par l'institut des frères de la doctrine chrétienne. Il a été reconnu d'utilité publique, par décret du 27 août, 1859.

Son régime est l'internat exclusivement pour les apprentis comme pour tous les autres élèves. Le prix de la pension n'est que de 30 francs par mois ; aussi l'a-t-on surnommé *l'internat populaire*. On y reçoit les enfants de 7 à 14 ans, mais on n'y admet que ceux de Paris et des environs, sachant au moins lire, un peu écrire et calculer.

Quant à l'apprentissage, l'établissement donne gratuitement le local aux patrons, qu'il choisit dans le monde industriel, et qui se chargent des apprentis qu'il leur présente, moyennant l'abandon, à leur profit, de tous les produits des ateliers qu'ils dirigent. La durée de l'apprentissage est de trois ou quatre ans, selon les métiers. Tous les jours les frères, qui surveillent tout, donnent, aux apprentis, deux heures d'instruction générale classique (ceci nous a paru laisser à désirer, nous nous en expliquons plus loin, page   ).

Chaque apprenti débute par un mois d'essai dans les ateliers, après quoi un contrat en dûe forme règle, pour le métier choisi, les engagements respectifs entre les parents, le patron et le directeur de la maison, qui interviennent chacun en ce qui le concerne.

C'est, on le voit assez, à peu près l'apprentissage généralement pratiqué dans le monde; mais, ce qui est extrêmement important, ici, au bienfait matériel du métier, s'ajoute le bienfait moral, avec la continuation de l'instruction classique.

Muni d'une autorisation générale de la préfecture de la Seine et avec l'agrément du frère directeur qui, ne pouvant nous accompagner personnellement, s'était empressé de nous donner un guide, nous avons visité et examiné tous les ateliers susmentionnés, que nous avons vus fonctionner dans un ordre parfait, et tout le reste de l'agencement nous a paru dans les meilleures conditions : cours, salles de classes, réfectoires, dortoirs, bibliothèque, lingerie, infirmerie, chapelle desservie par deux aumoniers, cuisines à la vapeur, etc.

Nous avons, en outre, désiré fouiller dans le passé et dans l'opinion publique et, à notre demande, on nous a fourni les documents utiles. Nous y avons vu que cette œuvre comprend trois grands établissements : celui que nous venons de faire connaître, un à Issy et l'autre à Igny, où se fait l'apprentissage horticole et agricole.

Ces trois établissements, dirigés dans le même esprit et vers le même but, comptent ensemble aujourd'hui plus de deux mille élèves, et ce qui prouve le crédit dont ils jouissent, c'est la tendance de ce nombre à s'accroître sans cesse :

en 1876, trois mille demandes n'avaient pu être accueillies faute de place.

Voilà ce que nous avons vu ou lu, et voici des preuves d'une autre portée : en 1867, huit membres du corps législatifs visitèrent les ateliers et les classes de la maison de Paris pour laquelle ils témoignèrent la plus grande satisfaction ; en 1868, elle fut visitée par une commission d'Anglais, pour l'enquête ordonnée par leur gouvernement sur l'éducation des classes industrielles en Europe, enquête où Saint-Nicolas fut placée au premier rang ; l'exposition de 1867 avait constaté et couronné ses succès ; celle de Vienne, en 1874, lui décerna le diplôme de mérite. Elle ne figure pas dans celle-ci (1878), parce que, nous fût-il répondu, on ne put ou ne voulut pas lui donner une place suffisante ; elle a dès lors, exposé ses objets chez elle, dans une très-vaste salle, que nous avons vue, où ils restent d'une manière permanente.

Certes, nous sommes loin d'approuver en tous points l'esprit et les tendances de cette corporation, que nous voudrions voir plus universitaire et plus nationale ; mais, bien que son enseignement et son internat affaiblissent trop peut-être la vie et les traditions du foyer domestique, on ne peut méconnaître que cette maison a créé ce qui n'existait pas auparavant en France, *l'éducation réunie à l'apprentissage des métiers,* et nous pensons que la laïcité peut tirer de ceci, sinon un enseignement, du moins d'utiles renseignements.

2° FILLES

On l'a dit avec raison, « l'éducation des filles est le pre-
» mier germe de la régénération d'un peuple. » — « Elle
» mérite plus d'attention peut-être que celle des garçons. »
Ces vérités, bases de la loi du 10 avril, 1867, quoique banales aujourd'hui, ne sauraient être trop répétées, parce qu'elles sont toujours et de plus en plus vraies et utiles. Depuis dix ans, en effet, les progrès ont marché et cette loi ne suffit plus, à Paris du moins, aux desiderata, où il man-

quait, pour satisfaire au besoin populaire, un enseignement spécial et professionnel, organisé uniquement pour les filles, dans le but de leur fournir des moyens de travail, et par suite des éléments de bien-être et de moralité.

Société pour l'enseignement professionnel des femmes. — Cette grande idée, qui germait dans le noble cœur d'une femme, madame Elisa Lemonnier (1), est passée dans le domaine des faits : c'est à sa laborieuse initiative que fut due, en 1856, la société de protection maternelle pour les jeunes filles, société qui, en 1862, prit son titre actuel de *Société pour l'enseignement professionnel des femmes,* laquelle, le 14 Janvier 1870, s'est constituée en *société anonyme à capital variable.*

Cette œuvre d'initiative privée, présidée pas sa fondatrice jusqu'à sa mort, est aujourd'hui sous la protection de madame Jules Simon, femme de l'ancien ministre. C'est à cette notabilité que nous nous sommes adressé, et c'est elle qui nous a fourni les moyens de recueillir ces notes.

Cette société compte maintenant quatre écoles florissantes : la plus ancienne et la première de ce genre qui ait existé en France, fonctionne maintenant rue des Francs-Bourgeois, n° 31, où nous l'avons visitée; elle a 160 élèves; la seconde, fondée en 1864, rue Laval, n° 37, en a 169 ; la troisième, fondée en 1868, rue d'Assas, n° 70, en a 85; la quatrième, créée en 1870, rue de Reuilly, n° 25, en a 127.

La première de ces écoles a une bibliothèque, les trois autres sont calquées sur leur aînée pour la méthodée et tous les détails de l'organisation.

Ces quatre écoles professionnelles ont pour but spécial de préparer les jeunes filles aux emplois du commerce et de l'industrie. Elles ne reçoivent généralement que des élèves externes, âgées de 12 ans au moins et après examen.

Les cours sont généralement spéciaux; ils comprennent trois années d'études. Les cours généraux donnent une so-

---

(1) Elle a laissé des souvenirs à Bordeaux, où, après 1832, elle passa dix ans avec M. Lemonnier, son mari, avocat.

lide instruction conformément aux programmes déterminés par la loi pour les écoles primaires du second degré.

L'enseignement professionnel se donne dans des ateliers comprenant le commerce, le dessin industriel, la couture, la gravure sur bois, la peinture sur porcelaine, le montage des plumes, la fabrication des fleurs artificielles, etc.

L'œuvre ne se borne pas à l'instruction, elle suit dans le monde les jeunes filles qui sortent de ses écoles, les place dans les meilleures conditions matérielles et morales, les conseille, les assiste, en un mot leur applanit toutes les difficultés de la vie pratique. Une société de secours mutuels a été fondée pour elles à cet effet.

L'entreprise est protégée, au sommet par des dames patronesses et par un conseil d'administration présidé par Mme Jules Simon, lequel fait préparer son travail par des comités qui sont : un conseil consultatif, une commission des finances, des commissaires annuels, une commission d'inspection des arts industriels, un comité de patronage et de placement.

Cette œuvre si utile s'est constituée et prospère, à l'aide de membres fondateurs fournissant une somme en bloc, de membres titulaires faisant un don annuel et de simples souscripteurs pour les moindres dons.

En 1877, l'école de la rue des Francs-Bourgeois a eu quatre élèves reçues institutrices, et, au concours de la société pour l'instruction élémentaire, elle a obtenu quatre certificats du 1er degré, avec une médaille de bronze ; treize certificats du 3e degré et vingt-six du 3e degré.

L'école de la rue Layal a fait recevoir six élèves institutrices, et a remporté, au concours organisé entre les quatre écoles, six premiers prix, six seconds prix et cinquante sept accessits ; au concours général elle a eu le premier et deuxième prix de dessin (1re division) ; quinze de ses élèves ont été admises à l'exposition des Beaux-Arts.

L'école de la rue d'Assas a eu vingt-deux élèves récompensées au concours de la société pour l'instruction élémentaire ; une a obtenu le certificat du 1er degré, sept le certificat du 2e degré, quatorze celui du 3e degré ; quatre ont subi avec succès l'examen d'institutrice ; deux ont été admises à l'exposition des Beaux-Arts ; au concours général entre les écoles, elle a obtenu trois premiers prix, cinq seconds prix et vingt-quatre accessits ; elle a eu la première place aux concours généraux de dessin et la deuxième aux concours généraux de commerce et de couture.

L'école de la rue de Reuilly, au concours de la société pour l'instruction élémentaire, a eu quatre certificats du 1er degré, sept du second, huit du troisième ; cinq élèves ont été reçues institutrices, et cinq sous-maîtresses ; sept ont reçu le certificat d'études primaires ; elle a remporté cinq premiers prix, quatre seconds prix et vingt-six accessits au concours entre les écoles ; le premier prix au concours général du commerce et le second prix au concours général d'anglais.

Ecole professionnelle pratique, rue d'Hautefeuille, 49,

Dirigée par Mme Ve CAROT (1)

La réalisation de la grande et féconde pensée. qui présida à la création précédente, porte des fruits qui deviennent de plus en plus abondants. Cette première création ayant réussi, a déjà, en effet, été suivie de plusieurs autres animées de son esprit large et ouvert, comme chez elle, à toutes les croyances.

« C'est, disait, le 7 février dernier, le président de celle qui nous occupe en ce moment, en présence des succès acquis de ces établissements qu'a été fondée, en 1871, l'école qui reçoit aujourd'hui la septième assemblée annuelle de ses souscripteurs et donateurs. »

Nous tenons de la bouche même de son honorable et digne directrice, qui voulut bien repondre à nos questions, les quelques notes que nous croyons utile de consigner ici.

Et d'abord pour faire bien connaître le principe fondamental de ce bel établissement qui, en ce moment, a cent soixante-cinq élèves, réparties dans neufs cours ou ateliers

(1) Encore une connaissance de Bordeaux, où elle a habité.

professionnels, nous ne saurions mieux faire que de citer encore les propres paroles du même président, M. Dubail, ancien maire de l'arrondissement (9e).

« Vouloir, dit-il, éduquer individu par individu les masses populaires, dans les grandes villes et surtout à Paris, serait un rêve irréalisable. Mais leur former des guides, des modèles, des chefs de file qui, revêtus ainsi d'autorité intellectuelle, infusent par un contact journalier, dans la population ouvrière, leurs lumières, leurs talents et leur moralité, ne serait-ce pas résoudre le problème du perfectionnement individuel de la façon la plus approchante ?... »

L'école professionnelle de filles, dirigée par une directrice et une sous-directrice, assistées d'une surveillante générale et de sous-maîtresses ou de professeurs attachés aux divers cours, est, comme celles de la société précédente, *dont elle est indépendante,* protégée par des dames patronnesses et administrée par un conseil subdivisé en quatre comités et qui se réunit mensuellement à la mairie.

Cette école, entourée de nombreuses et hautes sympathies et forte de l'appui du conseil municipal de Paris, a déjà obtenu plusieurs témoignages d'estime publique ; ainsi en 1876, la société de protection des apprentis lui décerna une médaille d'argent ; la même année, à l'exposition des Beaux-Arts appliqués à l'industrie, le jury lui décernait un second prix (médaille de bronze), en même temps qu'une mention honorable à une de ses élèves, et, tout récemment, sept autres participaient au concours de dessin en vue de l'exposition actuelle (1878), où l'une obtenait une mention honorable.

Ecole professionnelle du faubourg Poissonnière, 104.

Moins heureux ici, nous n'avons pu voir la dame directrice, qui était absente. Mais nous avons vu assez son école, pour reconnaître qu'elle est dirigée à peu près dans le même esprit et vers le même but que celles que nous venons de faire connaître.

« Plus que jamais, disent ses programmes, on est péné-tré de la nécessité de combler la lacune qui existe entre l'enseignement primaire, destiné à tous, et l'enseignement supérieur, qui ne présente pas un caractère suffisamment pratique pour la plupart des familles.

» L'enseignement primaire, en effet, est insuffisant pour les jeunes filles que l'on destine aux carrières du commerce ou de l'industrie, et cependant il faut que, très-jeunes encore, elles se préparent à une profession, afin de pouvoir un jour se suffire : c'est pour les former à cette vie laborieuse qu'on crée des écoles professionnelles dans lesquelles, tout en complétant leur instruction, elles trouvent dans des cours spéciaux (*commerce, dessin industriel, peinture sur éven-tails, sur porcelaine, etc.*), et dans des ateliers enseignants (*fleurs, confections, robes, etc.*) le moyen de s'assurer une existence honorable par un travail lucratif. »

Comme ses similaires, cette école, pour ce qui concerne les études professionnelles, ne reçoit des élèves qu'au-dessus de douze ans; mais elle a une classe préparatoire où elles sont reçues dès l'âge de sept ans.

On vient de voir son programme professionnel, qui est à peu près celui des précédentes; la durée des études est de trois ans et son régime est également l'externat.

Voilà ce qu'on fait à Paris. C'est beaucoup, mais nous trouvons que ce n'est pas encore assez.

N'est-il pas désirable, en effet, notamment pour les filles, que les écoles françaises cherchent à imiter nos voisins, les Belges par exemple, chez qui les écoles de Bruxelles, de Liége, d'Anvers, etc., ont annexé à leur enseignement des ouvroirs, où les élèves, *au-dessous de douze ans,* apprennent déjà le tricot, le lavage, le repassage du linge, la couture, le lissage, la préparation des aliments, etc.?...

Nous dirons plus loin (page 50), ce qui nous paraît man-quer à l'enseignement professionnel des garçons, que nous avons vus et interrogés sur le fait.

Disons, d'ores et déjà, que, si le progrès qui nous occupe n'est pas encore accompli parmi nous, la faute n'en est as-surément pas à la République, ni même, peut-être, aux gouvernements précédents qui — il n'est que juste de le reconnaître — ont tous, depuis cinquante ans, cherché à vulgariser l'instruction. C'est à l'ignorance ou aux événements qu'il faut, croyons-nous, attribuer ce regrettable retard. (1).

IV.

CONFÉRENCES PÉDAGOGIQUES
A LA SORBONNE (2e série).

Résumés analytiques

On sait que le but de ces conférences était d'expliquer, dans des entretiens familiers, tout ce qu'il pouvait être utile de signaler à l'attention des instituteurs, en vue du perfectionnement et des progrès de l'instruction populaire.

Enseignement des sciences physiques et naturelles.

Première Conférence, 25 août, à 8 h. 1/2 du matin, par M. Maurice GIRARD, professeur au collège Rollin.

Allant au devant des préjugés et des objections contre l'introduction de ces sciences dans l'école primaire élémentaire, le savant conférencier montre que ces objections n'ont rien de fondé et qu'en soi, cet enseignement est possible et même facile dans ces écoles, les enfants étant naturellement doués pour le recevoir, qu'il suffit, en effet, pour cela, de savoir mettre leur légitime curiosité à profit, non par des leçons théoriques, mais par des causeries familières, comme on fait des leçons de choses, et sur des objets qu'amènent les hasards, tels qu'une lecture, une plante, un animal domestique, la pluie, le tonnerre, l'arc-en-ciel, le feu,

---

(1) Mais si jusqu'ici les progrès ont été lents sous ce rapport, en pourra-t-il être ainsi, après cette admirable exposition, devant laquelle on est resté stupéfait à la vue de ses innombrables engins qui, aujourd'hui, remplacent l'homme et les animaux..., de ces machines à vapeur, ces locomotives, ces instruments mécaniques, ces paquebots transatlantiques..., ces machines-outils à tisser, scier, raboter..., ces chemins de fer, cette télégraphie électrique..., ces nouveaux métaux, ces teintures, ces oxydes métalliques..., cette immense série de découvertes récentes applicables à tous les arts et à toutes les industries?. . Devant tant de merveilles dues aux progrès des sciences modernes de l'instruction secondaire, comment pourrait-on négliger plus longtemps l'instruction primaire professionnelle, c'est-à-dire l'apprentissage, dont le perfectionnement, par l'école, centuplera certainement ces prodiges de l'esprit humain?. .

l'eau, la rouille, l'action du vinaigre sur le calcaire, etc. (1) qui, dit-il, sont d'excellents sujets dont on peut leur parler, pas en mots techniques, tirés du latin et du grec, qu'ils ne comprendraient pas, mais en mots vulgaires, même patois, s'il le faut pour être compris.

De même quant aux appareils, il montre comment, presque toujours, l'instituteur peut se les procurer à peu près sans frais, en grande partie dans les ustensiles de cuisine et de ménage, tels qu'un verre, une carafe, un plat, un miroir, un soufflet, une bouilloire, avec lesquels on peut rendre sensibles aux yeux plusieurs importants phénomènes de ces sciences.

Faisant remarquer que les étrangers et plusieurs instituteurs français ont réussi à les introduire ainsi dans leurs écoles primaires élémentaires, pourquoi, se demande-t-il, puisque c'est possible et d'ailleurs incontestablement utile, les confrères de ceux-ci ne suivraient-ils pas leur exemple?

L'habile professeur insiste ensuite sur l'importance d'exposer les principes généraux aux yeux en même temps qu'à l'esprit, et dit fort bien qu'à cet effet, « la nature est un immense musée scolaire qu'on n'épuisera jamais. »

Puis, passant de cet exposé de principes à la pratique, il montre, par une série de simples et intéressantes expériences, comment on peut procéder ; ainsi, après avoir rempli d'eau un verre à boire, il le couvre d'une feuille de papier, le renverse en appuyant cette feuille avec la main, qu'il sort aussitôt et, dans cet état renversé, l'eau y restant suspendue, rend sensible à la vue la pression de l'air atmosphérique; d'où le principe du baromètre, du syphon, des pompes.

Viennent ensuite ses démonstrations sur la météorologie, le thermomètre, l'optique, etc., à la suite desquelles il parle de la poule, du développement et de l'incubation de son œuf, des transformations de la chenille et de ses mœurs.

« Et pas de livres ni de cahiers qui, dit-il, sont souvent

---

(1) Nous avons indiqué cet utile enseignement, il y a cinq ans, dans le premier fascicule d'un projet de « *Cent leçons de sciences physico-chimiques et naturelles, appliquées aux choses usuelles de la vie pratique,* »

un trompe l'œil ; rien que des explications précises et simples qui, autant que possible, frappent les yeux, de manière à rester dans l'esprit des plus illétrés. »

« Mais pour cela il faut, fait-il remarquer, que l'instituteur s'instruise ; car il n'arrivera à cet enseignement simple et familier des connaissances scientifiques élémentaires, qu'à la condition de bien posséder et de dominer son sujet.

« Enfin, le temps n'est plus, ajoute-t-il, où l'on ne faisait que *tolérer le maître d'école* : nous avons marché ; nous continuerons d'aller en avant, et il est certain que plus on avancera, plus on exigera de lui, en élevant sa situation.

« Patience et confiance. »

C'est le dernier mot de M. Maurice Girard.

Directions générales sur les visites à l'Exposition.

Deuxième idem, 26 août, par M. BROUARD, inspecteur général.

Le conférencier se demande si le texte de son programme ne comporte pas à la fois une étude topographique des expositions scolaires, une appréciation comparative de leur importance, des considérations sur le but du voyage d'études, et enfin des conseils sur la meilleure manière de l'atteindre.

Admettant cette hypothèse multiple, il prend le plan et indique aux instituteurs, d'abord les endroits où se trouvent les divers objets scolaires, et, quant à leur importance comparée, « marquez, leur dit-il, d'une croix l'Exposition Française du pavillon Ferrand et les Expositions de la Russie, de l'Italie, des Etats-Unis, de l'Angleterre, de l'Algérie et du Creusot ; d'une double croix celles de la Belgique, de la Suisse, de l'Autriche-Hongrie, du Japon et du Canada ; d'une triple et quadruple croix l'exposition de notre ministre de l'Instruction publique avec toutes ses dépendances. »

Sur les derniers points, tout en reconnaissant l'utilité générale de ces expositions, M. Brouard, pour mettre ses auditeurs en garde contre les illusions, leur fait remarquer que tout n'est pas cependant à admirer ni surtout à pratiquer, par exemple pour les instituteurs et les institutrices, certains appareils peut-être plus ingénieux qu'utiles, et les musées trop riches, auxquels il préfère ceux plus modestes et plus authentiques qui ont été formés sur place, par eux et leurs élèves; pour les directrices d'Asiles, les travaux Frœbéliens exagérés, etc.

« En somme, dit-il, ce qu'on peut admirer sans réserve, c'est que, dans une exposition d'industrie et de Beaux-Arts, on ait réservé aux produits scolaires une place si considérable, beaucoup plus considérable qu'en 1867. Il y a là, ajoute-t-il, un signe des temps et la preuve de l'importance que le monde entier attache à l'instruction populaire. »

Matériel et Musée scolaires

Troisième Idem, 27 Août, par M. de BAGNAUX.

Il y a en France, d'après les statistiques, 71,000 écoles comprenant 107,000 classes, dont 20,000 mobiliers sont défectueux, ce qui, avec 17,000 constructions de nouvelles écoles réclamées, porte le total à meubler à 38,000. Une loi récente a mis, à cet effet, à la disposition des communes, les fonds nécessaires, 120 millions à dépenser en cinq ans; il est donc, dit M. de Bagnaux, urgent de s'en occuper.

« On a jusqu'à ce jour, remarque-t-il, trop consulté à ce sujet, au lieu de l'instituteur et de l'hygiéniste, l'architecte, qui est ici peu compétent. »

La partie la plus importante du mobilier scolaire, c'est la table de classe, qu'on doit approprier aux élèves, au lieu d'obliger, comme on le fait, ceux-ci de s'accommoder à ce meuble. Très-souvent il n'y a, en effet, qu'une dimension pour tous, ce qui est contraire à la raison et à l'hygiène: c'est un vice qui produit de mauvaises habitudes, causant des difformités et des infirmités.

M. de Bagnaux dessine sur le tableau noir la position normale de l'élève : pieds à plat sur le plancher, dossier soutenant les reins, partie postérieure de la table à quelques centimètres de la poitrine, bancs à la hauteur de la jambe, prise à l'articulation du genou. Il critique la distance ou intervalle qui, dit-il, devrait être négative entre la table et le banc, ce qui peut s'accorder avec le siège à une ou deux places. En ce qui concerne les différentes tailles, il pense que, à l'exemple de Paris, on pourrait s'arrêter généralement à cinq types gradués ; mais il fait remarquer qu'ils ne peuvent pas, sans risque de graves inconvénients, se coordonner uniformément en correspondant aux divisions.

Quant aux autres objets, il préfère les ardoises factices, proscrit le papier trop fin, les plumes trop pointues, les numérateurs, calculateurs, arithmomètres, même le boulier compliqué, le meilleur numérateur étant, selon lui, la main, et le meilleur appareil à calcul le cerveau dirigé par l'instituteur.

D'après le conférencier, le mobilier géographique sera, autant que possible, approprié par l'instituteur et ses élèves, au moyen de petites cartes agrandies. Il indique le Géographique-Gervais pour la Cosmographie et la collection Delhez pour la gymnastique des sens ; « mais, dit-il, l'instituteur créera son musée scolaire, comme il aura créé son mobilier géographique. » (1)

M. de Bagnaux termine, en annonçant que M. le Ministre a signé, tout récemment, un arrêté pour la création d'un musée pédagogique national qui, a-t-il dit, s'ouvrira le jour même où se fermera l'Exposition universelle.

De l'enseignement de la Grammaire.

Quatrième idem, le 28 Août, par M. Michel Bréal, de l'Institut, professeur au collége de France.

La séance s'ouvre par le Ministre de l'Instruction publique qui, rentré à Paris de la veille, est venu à la Sorbonne

---

(1) L'école Ferrand, dont il ne parle pas et qui a déjà été citée dans ce qui précède, réunit à peu près toutes ces conditions et bien d'autres : c'est, pensons-nous, l'idéal vers lequel on devrait tendre.

souhaiter la bienvenue aux instituteurs. Dans un langage
familier, il les a engagés à concourir à la création de conférences et de bibliothèques pédagogiques cantonales, qui
les tiendront au courant des meilleures méthodes ; de socié-
tés de secours mutuels, qui assureront leur existence du
lendemain ; de bibliothèques scolaires, et, à ce sujet, « ap-
prendre à lire, nous dit-il, n'est rien, le grand point, c'est
d'amener les enfants à lire. c'est de leur faire goûter les
livres. » Il nous recommande, enfin, les caisses d'épargne
scolaires, en nous disant que, « si la France s'est relevée,
c'est par l'amour de l'épargne qui, de l'école, appelle l'épargne dans la famille, »

L'éminent conférencier prend ensuite la parole.

Dans le cas particulier où il considère son sujet, la logique du maître n'est pas celle de l'enfant et c'est à tort, dit-
il, qu'on ne tient pas compte de ce que celui-ci sait, car
c'est par là, par ce qu'il sait de la langue maternelle, qu'il
faudrait commencer à lui enseigner la grammaire, et non,
comme on le fait généralement, sa langue par la grammaire, *qu'il ignore complètement.*

Examinons le phénomène : l'enfant qui arrive à l'école
sait déjà parler ; c'est incontestable, et, par conséquent, il
fait de la grammaire, puisque, en son langage, il exprime
ses idées ; c'est encore incontestable ; ainsi il emploie le
verbe propre en ses temps propres, pour se faire comprend-
dre. Ce phénomène est évidemment de l'observation du sens
commun le plus élémentaire.

Mais, dira-t-on, il est inconscient dans son langage? Oui
sans doute, il ignore ce qu'est le verbe actif, son présent,
son plus-que-parfait, où il l'emploie, et c'est justement ici
que doit commencer notre tâche : cherchons alors à faire
sortir la règle grammaticale de sa petite phrase: il nous
suit et nous voilà partis logiquement du connu à l'inconnu,
sur le meilleur chemin, la voie concrète.

Ce principe profond que rappelle l'académicien, professeur
au premier collège de France, est bien celui de la nature ;
c'est par conséquent ce que, dans l'espèce, il y a de plus
rationnel et de plus fécond ; mais c'est aussi malheureuse-

ment tout l'opposé de ce qui se pratique, c'est-à-dire le renversement de nos grammaires et de nos grammairiens.

M. Bréal développe la suite de son sujet par de hautes considérations, conséquentes à son point de départ. Nous ne le suivrons pas dans ses intéressants développements, n'osant espérer voir de sitôt ses excellents principes passer dans la pratique des écoles primaires élémentaires : la routine, est, hélas ! si difficile à détruire.

Mais ses dernières paroles sont trop remarquables pour que nous les passions sous silence : « Elevez, dit-il, des enfants qui soient sérieux, qui soient laborieux, qui soient économes, mais qui soient en même temps curieux, qui aient l'amour de l'instruction, qui aient le respect de tout ce qui est vrai et sincère, **et qui aient l'attachement aux grands devoirs qui font le bonheur et la dignité de la vie.**

Hygiène de l'École.

Cinquième idem, 29 août, par le docteur Riant.

« L'école, dit le savant docteur, est l'atelier où organisme, intelligence, caractère, âme de l'enfant, où tout cela se façonne, prend une forme, et reçoit comme une vie nouvelle. »

Il n'est pas loin le temps où l'hygiène était étrangère à tous les établissements d'instruction. Aujourd'hui on l'enseigne dans toutes les écoles normales, et ce n'est pas là seulement, c'est aussi dans toutes les autres écoles urbaines ou rurales qu'elle devrait être étudiée.

« En effet, nous dit le docteur, les enfants vous apportent, à tous, un corps dont on vous demande de surveiller la croissance et le développement, c'est le domaine de l'hygiène physique ; une intelligence a éclairer, en l'a ménageant, c'est le domaine de l'hygiène intellectuelle ; un caractère, un cœur, une volonté à diriger et à former, c'est le domaine de l'hygiène morale. »

Par l'observation seule et sans avoir fait d'études spéciales, l'instituteur peut reconnaître si un enfant est malade, quelquefois même indiquer la nature de sa maladie et l'isoler, s'il y a crainte de contagion.

Quant à l'hygiène intellectuelle, « je voudrais, dit-il, qu'on préparât l'élève, par une gymnastique, toujours utile, de son esprit, de ses facultés, à ce que sera demain la vie de l'adulte sorti de l'école. Le plus grand nombre y viennent pour y trouver une préparation essentielle à la pratique d'un état et aux progrès à faire dans la profession bien choisie qu'ils exerceront demain. »

Il voudrait qu'ils y trouvassent également un enseignement moral, c'est-à-dire des principes d'éducation, encore applicables le jour où ils auront quitté l'école. « En effet, Messieurs, il n'y a pas, dit-il, deux morales, il n'y en a qu'une, toujours vraie et toujours applicable, il faut que l'école l'enseigne à l'écolier. »

I voudrait le moins possible de mesures disciplinaires et il fait remarquer qu'il est un motif plus noble, plus élevé et plus hygiénique, le sentiment du devoir, qui peut atteindre le but.

En ce qui concerne les maisons, il recommande moins de luxe dans les façades et plus de soins dans l'aménagement intérieur, où l'air doit circuler abondamment partout, où doit régner partout et en toutes choses, la plus grande propreté. « Des miasmes, fait-il remarquer, germes de maladies épidémiques, si l'on n'y prend garde, se déposent, s'accumulent, se développent partout, sur les murs, les planchers, les meubles, les vêtements, la peau. »

Le chauffage, l'éclairage, les livres, les aliments, rien n'est négligé, tout est successivement passé en revue, avec la compétence du docteur hygiéniste, que nous ne pouvons suivre dans tous ces nombreux détails, et qui termine en nous recommandant de jeter, de bonne heure, dans l'âme des enfants des impressions profondes d'amour et de sentiment du bien, de l'honneur, du devoir, que nous devons inspirer, par nos mœurs, notre caractère, notre bienveillance et notre savoir.

Enseignement intuitif et leçons de choses.

Sixième idem, 1er septembre, par M. Buisson,
inspecteur général.

L'intuition, dit l'intelligent auteur du dictionnaire pédagogique, est l'opération par laquelle on saisit une vérité sans effort, sans raisonnement, d'une manière claire, directe, immédiate et pour ainsi dire instinctive ; c'est le contraire de l'abstraction ou de la réflexion. Elle est intellectuelle si le jugement s'exerce seul, morale quand elle vient du sentiment et de l'âme. »

« Après Rabelais, Montaigne, Rousseau, Rollin, Pestalozzi, Frœbel ont préconisé l'éducation par les sens et protesté contre l'introduction de toutes les idées abstraites dans l'enseignement élémentaire. »

Mais le savant conférencier remarque qu'il y a en tout des bornes et qu'on va trop loin en voulant, comme en Amérique, bannir toute crainte ; que l'instruction ne peut pas toujours se donner en jouant et que l'idée de travail ne doit pas plus disparaître de l'école que de la société.

« Il y a, dit-il, des connaissances techniques qui ne sont ni la science pure ni ses applications directes et qu'il est désormais indispensable d'acquérir dans notre société. C'est à ces connaissances que s'applique ce principe fondamental de la méthode « *les choses avant les mots,* » principe excellent, mais qu'il ne faut pas suivre trop à la lettre. »

C'est bien là le point de départ de l'éducateur, et ici encore M. Buisson voit, avec la même justesse, l'importance de commencer, même dès ce point de départ, le développement de l'intelligence par l'observation.

« L'esprit d'observation, remarque-t-il, est ce qui fait le plus défaut à tout le monde. On passe vingt fois à côté d'un arbre sans en reconnaître l'espèce ; chaque jour on se trouve en présence de merveilles que l'on ne sait ni voir ni apprécier. »

« Faisons, ajoute-il, la leçon de choses à la française, comme Mme Pape-Carpentier la comprenait ; qu'elle soit la base de l'enseignement, qu'elle s'y trouve partout et toujours, qu'elle y entre comme un levain dans la pâte! »

La méthode intuitive s'applique à l'intelligence ; en effet, l'enfant aime à s'occuper de ce qu'il comprend et qui l'intéresse ; mais la logique qu'on emploie n'est pas toujours de son goût ; s'agit-il par exemple de lui enseigner à lire? on lui enseigne : 1°, à connaître les lettres ; 2°, à former des syllabes ; 3°, avec celles-ci, des mots, etc. ; cela paraît rationnel, mais ces éléments isolés ne correspondant à rien de matériel qu'il connaisse, il ne comprend pas, et il est plus naturel de lui montrer d'abord et de lui faire lire les mots tout faits : *papa, maman, vin, sel,* etc., qui lui rappellent des objets qu'il connaît parfaitement ; ceci est *concret,* cela est *abstrait.* (1).

L'intuition morale aussi est une vérité..., mais notre froide analyse affaiblit trop la richesse de langage de notre orateur. Terminons par les paroles suivantes qui ont soulevé d'enthousiastes applaudissements :

« Il y a deux choses, dont la majesté |nous pénêtre d'admiration et de respect, disait le philosophe Kant : c'est le ciel étoilé au-dessus de nos têtes, et la loi du devoir au fond de nos cœurs... »

« Ouvrez, continue M. Buisson, les yeux de vos élèves au ciel plein de mondes, qui revient tous les soirs nous rappeller ce que c'est que de nous, en nous mettant face à face avec le véritable univers. Cela aussi, messieurs, c'est une leçon de choses. — Vous ne savez pas l'astronomie? Qu'importe! — Il ne s'agit pas de science, il s'agit de faire passer dans l'âme de vos élèves quelque chose de ce que vous sentez. Je ne sais quelles choses vous leur direz, mais je sais de quel ton vous leur parlerez, et c'est l'important ; je sais comment ils vous écouteront ; je sais que longtemps encore après que vous leur aurez parlé, ils penseront à ce que vous leur aurez dit, et je sais aussi qu'à partir de ce jour là, vous serez pour eux autre chose que le maître d'orthographe et de calcul. » —

Monsieur le Ministre, venu à la Sorbonne pour nous faire

---

(1) C'était, il y a un siècle, la méthode de l'instituteur Jacotot.

ses adieux, a clos cette séance, la dernière de la deuxième
série, par les paroles suivantes, remerciant les conférenciers, tout en résumant très-brièvement les conférences que
nous avons essayé d'analyser :

« ..... M. *Maurice Girard* qui a, dit son excellence, dé-
» montré comment, par des causeries, on peut enseigner
» aux enfants les éléments de l'histoire naturelle et de la
» physique, et qui a dit un mot si juste : « *la nature est un*
» *immense musée scolaire qu'on n'épuisera jamais;* »
» M. *de Bagnaux* qui, sous l'apparence du sujet le plus
» humble, a su intéresser les esprits les plus éminents aux
» questions les plus importantes de notre matériel scolaire,
» M. *Michel Bréal*, dont l'originale et savante conférence
» sur la langue française et même sur le patois, a jeté, vous
» vous en souvenez, tant de vues fécondes ; M. *le docteur*
» *Riant*, qui a fait de l'hygiène de l'école l'objet de l'étude
» de sa vie, et qui, avec son rare bon sens, y a rattaché
» l'hygiène intellectuelle et l'hygiène morale; — enfin,
» MM. votre nouvel inspecteur général, M. *Buisson*, qui
» vous a profondément émus, en vous parlant d'une façon
» supérieure de la méthode intuitive et de la leçon de cho-
» ses... » (1)

Nous ne terminerons pas cette 4ᵉ partie sans exprimer
le regret qu'aucune des notabilités scientifiques qui viennent de nous donner de si bonnes leçons, ne se soit occupée
de l'enseignement professionnel de l'école primaire... C'est
sans doute parce que la loi ne l'a pas encore inscrit dans ses
programmes..... **Espérons !...**

V.

PÉDAGOGIE

Notre cadre restreint ne nous permet que de dire quelques mots sur les principes généraux, concernant l'Asile,
l'Ecole actuelle et l'Ecole future.

(1) M. le Ministre n'a parlé de M. Brouard qu'à l'occasion d'une conférence
sur l'histoire, faite à la 1ʳᵉ série où nous n'étions pas.

Asile.

Vestibule de l'école primaire, où programme, matériel, méthode, personnel, tout diffère, il y a entre ces deux établissements, corrélatifs par leur nature; une lacune, où manquait un lien que nous avons essayé d'établir, par notre « *Tarit-d'union entre l'Asile et l'Ecole* (1876). » Nous ne reviendrons pas sur les détails, nous ferons remarquer seulement que nous y sommes parfaitement d'accord avec M. Gréard, lorsqu'il écrit :

« Empruntons à Frœbel ce que ces principes ont de philosophique, ses procédés d'ingénieux ; approprions-nous ce que son système d'organisation matérielle a de censé, mais n'oublions pas que nous avons moins à faire autrement que nous ne faisons qu'à faire mieux avec nos propres règles.»

C'est, en effet, précisément ce que nous avons écrit quant au matériel, en proposant d'emprunter à la méthode allemande ses tables quadrillées, que la méthode française n'a pas (pages 4 et 5 de notre opuscule.)

Nous approuvons le principe fondamental du pédagogue allemand, qui veut que les facultés naissantes s'épanouissent sous les rayons de l'amour matériel, mais nous n'approuvons pas, sans réserve, tous ses moyens, son jardin d'enfants par exemple, pour lequel il ne paraît pas, comme le dit encore M. Gréard, s'être demandé si la température est toujours clémente, s'il ne pleut jamais et si, même dans les conditions impossibles d'un printemps éternel, il serait facile de tenir des troupeaux d'enfants de quatre ou cinq ans attentifs devant une plate-bande.

De même de ses dons, où le principe et le but sont excellents, mais qui sont trop chers et d'ailleurs trop scientifiques pour cet âge, où ils conduisent fatalement à une exagération qui dépasse la limite naturelle.

Nous ne pensons pas non plus, comme cet auteur, que, dans la pratique, il soit possible de bannir toute contrainte.

Comme lui et avec J.-J. Rousseau, nous savons bien que « les sens sont les premiers instruments de nos connaissances, et qu'avant d'enseigner à lire 'il faut enseigner à voir, » mais ne faut-il pas aussi obéir aux lois et réglements administratifs qui, évidemment, ont fait de l'asile l'initiation à l'école, et, par conséquent, le premier ne doit-il pas donner les premières notions de l'instruction religieuse, de la lecture et du calcul, qu'enseigne celle-ci, et dont l'Allemand ne paraît pas avoir souci ?...

Lecture. — Ne pourrait-on pas remplacer les solides de Frœbel simplement par dix-neuf petits cubes en bois, comme des dés à jouer, et par quelques parallélipipèdes comme des dominos ?.. Sur les premiers on écrirait les dix-neuf consonnes, sur les seconds, les dix chiffres et quelques exemples de nombres à dixaines et centaines. La directrice pourrait, au moyen de vignettes, y imprimer elle-même ces lettres, ces chiffres, ces nombres, des mots, etc,, tout ce qu'elle voudrait.

Elle montrerait, sur un carton accroché au bout fendu d'un long bâton, une consonne, qu'elle placerait devant ou après les voyelles affichées et prononcerait la syllabe ; l'enfant l'imiterait avec ses dés ; même procédé pour, des syllabes former des mots, **avec la précaution de toujours leur faire représenter des objets usuels bien connus.**

Calcul. — De même pour les chiffres, de petits nombres, de petites additions et soustractions, dont le comptage se ferait avec des objets matériels, toujours bien connus, tels que grains de blé, haricots, pois, petits cailloux, etc.

On voit assez l'idée et l'on comprend que cette méthode, aussi simple, aussi concrète que possible, et par conséquent applicable en tous lieux, préviendrait sûrement le danger signalé par l'un des auteurs précités, Rousseau : « en quel-
» que étude que ce puisse être, dit-il, sans l'idée nette des
» choses, représentées, les signes représentants ne sont
» rien. »

Combien souvent, en effet, l'oubli ou l'ignorance de cette vérité fondamentale produit le dégoût, qui est le plus fréquent et le pire des écueils !.....

En outre, cette sorte de gymnastique n'aurait pas que l'avantage d'occuper à la fois les yeux, les mains et l'intelligence (ce qui est déjà fort important), ces premières impressions resteraient et, plus tard, lorsque se présenteraient des opérations abstraites sur ces points, l'esprit de l'adolescent, de l'adulte, se reporterait, par réminiscence, comme dit Montaigne, à ces opérations du vu, du toucher, et ce serait encore, pour lui, procéder intuitivement et, en quelque sorte, de visu.

Écriture. — Nous ne ferons ici qu'une réflexion, que nous croyons importante; c'est que l'enseignement de cet art devrait, selon nous, commencer par les premières notions du dessin linéaire, c'est-à-dire par des lignes droites, obliques, courbes, que présentent les objets de la classe, tables, portes, vitres, ardoises, qu'on expliquerait sur nature et qu'on dessinerait aussitôt sur le tableau noir et sur ces mêmes ardoises. Ces lignes, en effet, ne sont-elles pas les éléments composants des lettres calligraphiques?...

Nous voudrions pouvoir rapporter ici tout ce qu'un conférencier, M. de Bagnaux, a dit d'intéressant du matériel classique, qui n'est pas précisément de la pédagogie, mais qui l'intéresse vivement, des tables surtout, qu'il est si important d'approprier aux tailles des enfants, même et surtout dans l'asile, au lieu d'obliger, comme on le fait généralement, ceux-ci à s'accommoder à une hauteur unique (1).

Là, dans la nature environnante, avec un matériel bien approprié, nous paraît être le vif de la question pédagogique intuitive; c'est le musée inépuisable, le meilleur principe général des leçons de choses, des premières connaissances et ce sera toujours, croyons-nous, le moyen le plus naturel, le plus sûr et le plus fécond pour développer les forces de l'esprit naissant.

L'École actuelle.

Évidemment la petite classe ou division élémentaire de l'école, suite immédiate de l'Asile, devrait se faire dans le

(1). Nous renvoyons à ce sujet au type si intéressant de M. Ferrand.

même esprit. « Nous voudrions, dit M. Gréard, qu'elle fût toujours dirigée par un maître d'élite, et c'est bien à tort que celui qui en est chargé se croit déshérité, comme s'il n'avait pas en réalité la tâche la plus difficile et la plus importante, l'avenir des études dépendant des débuts.

C'est assez faire entendre que cette classe ou division élémentaire doit élever le niveau des connaissances acquises dans l'asile, en pratiquant, selon l'âge et le degré d'instruction, des precédés analogues à ceux de l'excellente méthode intuitive, par la leçon de choses.

Quant aux classes ou divisions supérieures, où l'esprit, plus exercé, est plus ouvert, c'est ici — nous l'avons dit ailleurs (1) — c'est ici que nous voudrions voir le système Fræbel généralisé et, à mesure que l'intelligence se développe, l'intuition abandonner les sens pour entrer graduellement dans le domaine de la Raison, en s'élevant vers l'abstraction.

Suivons, dans ces classes, l'excellente leçon de M. Michel Bréal, qui veut qu'on fasse parler les enfants et qui nous rappelle si bien qu'il faut leur enseigner la grammaire, par la langue maternelle, qu'ils savent, et non la langue par la grammaire, qu'ils ignorent. Enseignons-leur l'histoire naturelle. la Physique et la Chimie, comme le veut M. Maurice Girard, en leur parlant familièrement du vent qui souffle, de la pluie qui rafraîchit, du tonnerre qui gronde, de l'animal qui passe.

Faire, dans ce sens, peu de théorie et beaucoup de pratique, en provoquant leur esprit, leur montrer la voie, les engager à y marcher seuls et leur laisser, autant que possible, le mérite de découvrir et d'aboutir, c'est, croyons-nous, avec ces grands maîtres, la bonne, la meilleure pédagogie.

Avec Fénélon, sachons qu'il faut, en instruction primaire, être facile et bref, mais bref sans sécheresse, et, avec le père Girard, auteur de si bons préceptes, sachons, non-seulement que la routine est inféconde et qu'il faut éviter de faire de nos élèves des machines à parler, écrire, calculer, ma-

(1). Dans l'école et l'industrie primaires.

chines que, trop généralement, nos devanciers montaient, à peu près comme Vaucanson ses automates, mais « qu'il faut » de plus, leur enseigner à faire servir les mots pour les » pensées et les pensées pour le cœur et la vie. »

Enfin, avec l'éminent pédagogue qui dirige si savamment l'instruction primaire à Paris, et qu'on ne saurait trop suivre, nous croyons que » l'élève doit emporter de l'école » un ensemble de facultés exercées, un esprit juste, un cœur » droit... qu'à tous les degrés des études, la grande diffi- » culté est de trouver le point exact du développement qui » convient à l'âge, à la nature, au besoin des élèves, et que, » ce point reconnu, il faut **y concentrer la lumière.** »

Nous soulignons ces mots, certain qu'il manque — nous ne saurions trop le répéter — au programme dés écoles actuelles, quelque chose de *très-essentiel*, que réclame ce besoin. Ce savant académicien le pense, du reste, bien mieux que nous, puisqu'il le prouve par ses remarquables créations, *en dehors de ce programme*, et nous ne sommes, certes, ni les premiers ni les seuls à penser ainsi.

École future

» **Toutes les institutions sociales doivent avoir pour but l'amélioration, sous le rapport physique, intellectuel et moral, de la classe la plus nombreuse et la plus pauvre.** »

On connaît cet axiome que Condorcet formulait en 1791, pour l'instruction populaire ; or, en est-il ainsi maintenant chez nous, en ce qui concerne l'instruction ? Évidemment non, malgré le bon vouloir *bien reconnu* de la *République*, qui malheureusement ne peut tout faire à la première heure. Nous l'avons démontré, pour plus de quatre millions d'enfants, en indiquant suffisamment comment on peut perfectionner, par l'école, leur apprentissage qui, de l'aveu d'hommes compétents, « n'a guère été, depuis 1789, qu'une école d'ignorance et de démoralisation. »

C'est ici une nécessité créée, d'ailleurs, par le développement de notre industrie, nécessité qui devient une vérité de sens commun : où serait autrement la raison du projet de loi du député, M. Martin Nadaud (6 Mai dernier), dont le corps législatif a reconnu l'urgence?...

Le gouvernement lui-même la reconnaît :

« ... La République, qui aime et honore l'art sous toutes » ses formes, le travail sous ses aspects les plus variés, » **encouragera avec persévérance les écoles** » **manuelles d'apprentissage**, qui complètent, com- » me on l'a dit, l'instruction de l'esprit par l'instruction » tion de la main. » (M. Bardoux, ministre de l'instruction publique, au conservatoire d'arts et métiers, le 5 octobre, 1878).

« Attendrons-nous, s'écrie le rapporteur de ce projet de loi, attendrons-nous plus longtemps pour ouvrir les yeux sur cet imposant mouvement de progrès matériel, *qui nous serre de si près?* »

Technologie. — En tout il faut, dit-on, commencer par le commencement. Nous ne saurions ici le faire mieux qu'en rapportant ce qu'en a écrit un fonctionnaire très-compétent, M. Salicis, ancien répétiteur à l'école polytechnique, délégué cantonal à Paris, où il a contribué, pour une très-large part, à la création de l'école de la rue Tournefort. Voici ses propres expressions, que nous avons citées dans un autre ouvrage (1).

« Que l'on mette, dès l'âge de 6 ans, entre les mains des » enfants, une matière plastique, et qu'on leur fasse succes- » sivement reproduire une règle plate, un carrelet, un cube, » un polyèdre plus compliqué, un solide à surface courbe; » que, sur une carcasse en bois, on leur fasse reporter des » reliefs choisis, lettres, feuilles simples, accidents géogra- » phiques, la France par bassins séparés, puis réunis, l'Eu- » rope, le globe ; qu'ensuite on leur mette en mains le fusain, » avec lequel ils reproduiront les objets précédents; puis le » modelage véritable, la sculpture par faces planes sur cal- » caire tendre ; ensuite le polissage à l'émeri, à la lime à » bois et à métaux ; la préparation des tons dans leur gam- » me chromatique, le vernissage, etc., etc. »

(1) Dans l'École et l'Industrie primaires en France.

4

Voilà bien comment nous voudrions, pour commencer, dans toutes les écoles des villes et des campagnes, *une salle de travail professionnel initial au maniement des outils vulgaires, lime, ciseau, burin, marteau, scie, rabot,* initial aussi à la manipulation d'une matière plastique, (l'argile au besoin)... tout ou partie de ces objets, cela va de soi.

« La technologie, a-t-on dit, est indispensable au métier » qui, sans elle, est inhabile et peut devenir dangereux, tandis » que, au contraire, **établir dans l'école cette** » **science avec le travail, c'est unir, comme le** » **veut la nature, la tête qui pense avec la** » **main qui exécute.** »

Ici, dans cette alliance du travail intellectuel et du travail matériel, existe sans doute une grande et regrettable lacune, le livre technique de l'instituteur ou du patron, mettant la théorie en fonction de la pratique, c'est-à-dire la science au service immédiat du travail.

Ce livre manque partout ; aussi, sous ce rapport, l'œuvre nous a-t-elle paru laisser beaucoup à désirer dans les écoles de Paris, où cette fonction de la théorie fait complétement défaut, a Saint-Nicolas surtout.

Ce livre peut se faire, car, a dit excellemment M. Dumas, « la science nous suit partout et, qu'on le veuille ou non, il faut l'accepter pour compagne. Si, ajoute-t-il, nous l'ignorons, nous sommes ses esclaves, si nous la connaissons, elle nous obéit. A tout moment nous faisons de la science ; ainsi respirer est de la chimie. »

Il suffit, en effet, de réfléchir devant un ouvrier qui travaille, pour voir comment elle peut intervenir pour éclairer son travail : son corps et son outil en mouvement ne se rapportent-ils pas aux lois de la mécanique ? Le parement qu'il dresse sur la matière, soit bois, soit plâtre, pierre, métal, ne présente-t-il pas des lignes, des angles, une surface, qu'explique la géométrie élémentaire ? C'est là une indication des matériaux d'un tel ouvrage, on le comprend.

Mais il n'y a pas que l'enseignement professionnel qui manque aux écoles actuelles.

En effet, est-ce qu'en plein XIXe siècle, où la lumière jaillit de toutes parts, il ne conviendrait pas d'y ajouter la première notion de la géologie, qui fait pénétrer dans les profondeurs de la terre qui nous porte… qui a tant de rapports avec la géographie et avec la genèse… qui est l'immense laboratoire des matières premières? Quelle étude est plus féconde et plus capable de faire réfléchir l'enfant, en lui donnant du monde qu'il habite une idée vraie, dégagée des apparences et des superstitions?… Cette notion vaudrait bien pour lui la connaissance de la chronologie des Assyriens ou des Chinois…

Un autre enseignement, dont l'opportunité nous frappe depuis bien longtemps, est celui de notre constitution légale et de notre organisation administrative. Est-il rationnel que, dans un pays de suffrage universel, on laisse la masse des enfants des écoles, **dont la presque totalité ne recevra pas d'autre instruction,** dans l'ignorance complète des lois qui règlent la vie pratique, la naissance, la conduite, le travail ; dans l'ignorance des plus simples éléments de la société, la famille, la commune, le département ; dans l'ignorance des autorités administratives et judiciaires, qui nous touchent du plus près, le Maire, le Sous-Préfet, le Juge de Paix, etc., alors que, non-seulement en Amérique, mais chez nos voisins, les Anglais par exemple, ces choses sont enseignées dans tous les centres scolaires ?…

On se dira peut-être, « comment faire ?… Qu'on consulte l'atlas de géologie primaire par le docteur E. H. B. et les notions élémentaires sur l'organisation de la France à l'usage des écoles primaires, par Bonne, et on le verra.

Enfin, d'excellents esprits, des hommes éminents et amis des progrès, s'occupent aussi, aujourd'hui, de la vulgarisation de l'économie *politique*. On s'est effrayé et l'on s'effraye encore, mais à tort, de cette science, ou plutôt de son nom, auquel il serait peut-être rationnel de substituer celui de *publique*. En effet, il n'est assurément personne qui ne sache ce qu'on entend par *économie domestique ou de ménage* ; « or, a dit un éminent économiste, l'économie politique n'est pas autre chose que la science *du ménage social* ; c'est la science d'usage courant, d'usage journalier, d'usage universel ; c'est la science du **salut public**. »

M. Jules Simon l'a définie *la science du sens commun*, ce qui signifie clairement qu'elle est nécessaire à tout le monde.

Nous avions, avant de quitter Paris, demandé des renseignements pour un petit traité à l'usage des enfants : M. Frédéric Passy, dont nous venons de citer la définition, nous fit l'honneur de nous envoyer une esquisse de ce travail, en nous informant que le conseil général de Seine-et-Oise, dont il est membre, avait mis la composition d'un tel traité au concours et *qu'on en examinait les mémoires...*

D'un autre côté, M. Laboulaye avait écrit : « Vous avez raison, mille fois raison, l'école primaire est la seule que fréquente la plus grande partie de la nation; c'est là qu'il faut semer des idées justes pour empêcher que, plus tard, ne germent l'erreur et l'envie, ces deux causes de révolutions. »

« Quant à la facilité de créer un pareil enseignement, elle » est extrême. Les principales lois économiques sont des » vérités d'observation, qu'on peut vérifier dans la première » boutique venue; je me chargerais d'enseigner toute l'éco- » nomie politique, y compris le commerce extérieur, sans » sortir d'un magasin d'épiceries. »

RÉSUMÉ

En général, l'exposition, les conférenciers et le fonctionnement du travail nous ont confirmé trois choses capitales : l'importance d'approprier l'instruction au besoin des individus et de la société; la nécessité de perfectionner, à cet effet, l'apprentissage par l'école, la simplification de la pédagogie par la leçon de choses, s'élevant des sens au raisonnement.

Les deux premières nous paraissent suffisamment démontrées par ce qui a été exposé précédemment et, quant à la troisième, nous croyons qu'il suffit de répéter ce qui suit comme axiome :

« **Transporter, à mesure que l'intelligence**

» se développe, la méthode intuitive, des sens
» au raisonnement, pour monter graduelle-
» ment vers l'abstraction, en suivant, autant
» que possible, la voie concrète. »

En termes plus clairs, imiter la mère qui, pour enseigner à marcher à son enfant, le soutient d'abord avec ses deux mains, puis avec une main, ensuite avec un doigt et, enfin, le fait aller seul en lui montrant la route.

Là est le symbole, le type simple et naturel de notre pédagogie.

Ajoutons y l'indication d'une petite pratique, qui consiste à dire aux élèves, réunis le soir pour le départ, *un bon mot* sur un fait moral ou scientifique, un incident du jour, un trait d'histoire, un proverbe, etc. Nous l'avons baptisé le *dernier mot quotidien de l'école.* Deux ou trois minutes suffisent pour frapper leur esprit et leur cœur d'une *bonne pensée,* qui peut se répercuter au foyer domestique, y germer et y devenir fructueuse !

———

Tel est, messieurs, notre modeste rapport, trop long pour vous, trop court pour nous, qui regrettons de n'avoir pu ou su le rendre plus intéressant et plus fructueux. Permettez-nous de le terminer par la devise de la société de Paris pour l'avancement des sciences, à laquelle nous avons l'honneur d'appartenir et qui exprime notre vœu :

« En avant par la science et pour la Patrie ! »

Votre humble et respectueux délégué,

BUROSSE PÈRE.

Ancien maître de pension, instituteur public qui, en vous remerciant, remercie le gouvernement de notre chère France, pour l'honneur fait à ses cheveux blancs (bientôt, hélas ! 73 ans).

Bordeaux. — Imp. Pechade.

www.ingramcontent.com/pod-product-compliance
Lightning Source LLC
Chambersburg PA
CBHW071005280326
41934CB00009B/2182